# 사회는 쉽다!

★초등학교 교과서와 함께 봐요!

통합 1~2학년군 봄, 여름, 가을, 겨울
사회 3-2 2. 시대마다 다른 삶의 모습

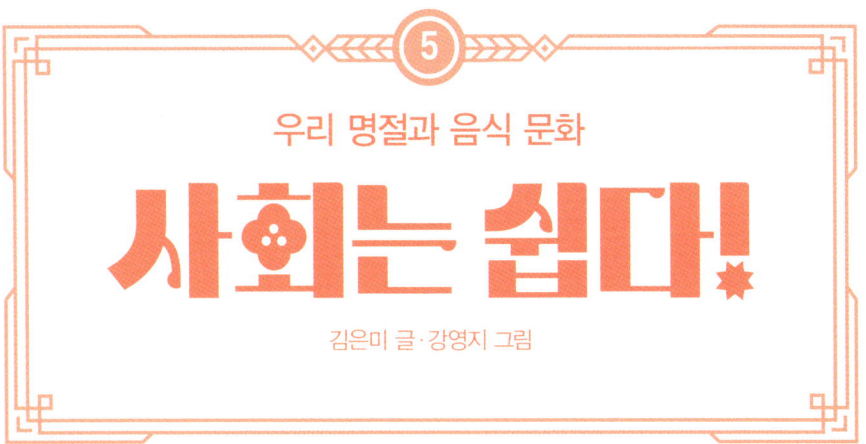

차례

## 1 우리나라의 특별한 날들 명절과 절기에 담긴 조상의 지혜

엄마 아빠는 옷장 정리 중 · 8　계절별로 달라도 너무 달라 · 10
계절의 변화를 살펴 농사를 짓는다고? · 12
우리나라의 특별한 날, 명절과 절기 · 14　특별한 마음이 담긴 음식과 놀이 · 16

더 알아보기 농사를 다스리는 자, 나라를 다스리다! · 18
알쏭달쏭 낱말 사전 · 20　도전! 퀴즈 왕 · 22

## 2 꽃 피는 봄 봄의 명절과 절기

봄의 시작을 알리는 입춘과 삼짇날 · 24　화전에 담은 봄기운 · 26
한식에는 불을 피우면 안 돼! · 28
찬 음식을 먹는 한식의 풍습은 언제 시작되었을까? · 30
단오를 책임지는 풀 삼총사 · 32　왕의 건강 음료, 제호탕 · 34

더 알아보기 세상에서 가장 넘기 힘든 보릿고개 · 36
알쏭달쏭 낱말 사전 · 38　도전! 퀴즈 왕 · 40

## 3 숨이 턱턱 막히는 여름 여름의 명절과 절기

가을이 여름 앞에 엎드린다고? · 42   여름 더위를 이기는 음식 · 44
여름에는 과일이 최고! · 46   흐르는 물에 머리를 감는 유두 · 48
우리나라 국수는 좀 달라! · 50

더 알아보기 옛날 사람들은 어떻게 여름을 보냈을까? · 52
알쏭달쏭 낱말 사전 · 54   도전! 퀴즈 왕 · 56

## 4 먹을 것이 풍성한 가을 가을의 명절과 절기

우리 민족의 큰 명절, 추석 · 58   추석에는 무슨 일을 할까? · 60
추석 하면 송편이지! · 62   추석은 언제 생겨났을까? · 64
「농가월령가」만 알면 추석 음식 걱정 끝! · 66
추석에 토란국과 박나물을 먹는다고? · 68   봄 화전은 진달래, 가을 화전은 국화 · 70

더 알아보기 차례상에 밤, 대추, 감은 빠지면 안 돼! · 72
알쏭달쏭 낱말 사전 · 74   도전! 퀴즈 왕 · 76

## 5 온 세상이 꽁꽁 언 겨울 겨울의 명절과 절기

설날 전에 작은설, 동지 · 78   귀신을 물리치는 음식이 있다고? · 80
남은 음식으로 만든 비빔밥 · 82   드디어 설날 아침! · 84
떡국에 숨은 비밀 · 86   한 해에 처음 맞는 큰 보름 · 88
특별한 음식에 숨은 우리 역사와 문화 · 90

더 알아보기 백일상에 수수팥떡을 올리는 이유 · 92
알쏭달쏭 낱말 사전 · 94   도전! 퀴즈 왕 · 96

# ①
# 우리나라의 특별한 날들

명절과 절기에 담긴 조상의 지혜

## 엄마 아빠는 옷장 정리 중

 겨울이 지나고 봄이 오면 엄마 아빠는 바빠지셔. 그동안 입던 겨울옷들을 정리해 옷장 깊숙한 곳에 넣어야 하거든. 대신 알록달록 화려한 봄옷들이 옷장 맨 앞으로 탈출! 이제 두툼한 겨울 잠바와 따뜻한 스웨터는 다시 겨울이 올 때까지 옷장에서 가만히 기다려야 해.

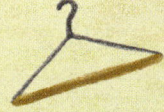

부모님이 힘드신데, 옷 정리를 안 하면 안 되느냐고? 그건 좀 곤란해. 우리나라처럼 사계절이 뚜렷한 곳에서는 계절마다 입는 옷이 다르거든. 여름에 입던 얇은 옷을 한겨울에 입을 수는 없잖아. 털 달린 잠바를 한여름에 입고 나갔다간 사람들이 방송국에 전화할지도 모르지. 게다가 사계절 옷을 모두 꺼내 두었다간 옷장이 펑 하고 터질 수도 있다고.

## 계절별로 달라도 너무 달라

 어디 옷뿐이겠어? 꽃 피는 봄, 무더운 여름, 시원한 가을, 눈 내리는 겨울마다 우리가 생활하는 모습도 달라진단다.
 계절별 먹거리를 생각해 봐. 한여름엔 시원한 팥빙수만 한 게 없어. 하지만 찬바람이 불기 시작하면 얼음을 갈아 만든 빙수보다는 뜨끈한 어묵 국물이 생각나지.

계절마다 하는 놀이도 달라져. 한겨울에 신나게 탔던 눈썰매를 여름엔 탈 수가 없어. 썰매를 탈 수 있는 얼음판은 실내 스케이트장에나 가야 볼 수 있지.

계절에 맞춰 해야 하는 일도 있어. 가을이 되면 밤나무에 열린 밤을 거둬들여야 해. 그래야 밤이 얼어서 못 먹는 일이 없을 거 아냐. 또 모내기는 봄에 해야 해. 어린 벼의 싹인 모가 잘 자라려면 날씨가 따뜻해야 하거든. 가을에 모를 심었다가 추운 날씨를 못 견뎌 얼어 죽으면 우리가 먹을 쌀은 어디서 얻겠어?

가을

겨울

## 계절의 변화를 살펴 농사를 짓는다고?

지금은 사람들의 직업이 다양하지만, 옛날에는 대부분 농사를 짓고 살았어. 농사를 지을 때는 땅에 씨앗을 뿌려 작물을 키우고 거둬들이기까지, 계절의 변화를 잘 살펴야 해.

그래서 계절의 변화를 알려 주는 달력을 무척 중요하게 여겼단다. 설이나 추석 같은 명절은 음력을 따랐어. 음력은 달의 모양 변화를 기준으로 만든 달력이야. 밤하늘에 달의 모습이 완전히 사라졌다가 다시 나타나 상현달, 보름달, 하현달을 거쳐 다시 완전히 사라질 때까지를 한 달로 삼아.

농사를 지을 때는 춘분, 하지, 추분, 동지 같은 이십사절기를 기준으로 삼았어. 이십사절기는 태양의 위치에 따라 한 해를 스물네 개로 쪼갠 거야. 계절이나 기후가 바뀌는 때라서 농사를 지을 때 중요했지. 줄여서 절기라고도 불러.

## 달의 모양 변화를 보고 만든 음력

## 태양의 위치에 따라 한 해를 스물넷으로 나눈 이십사절기

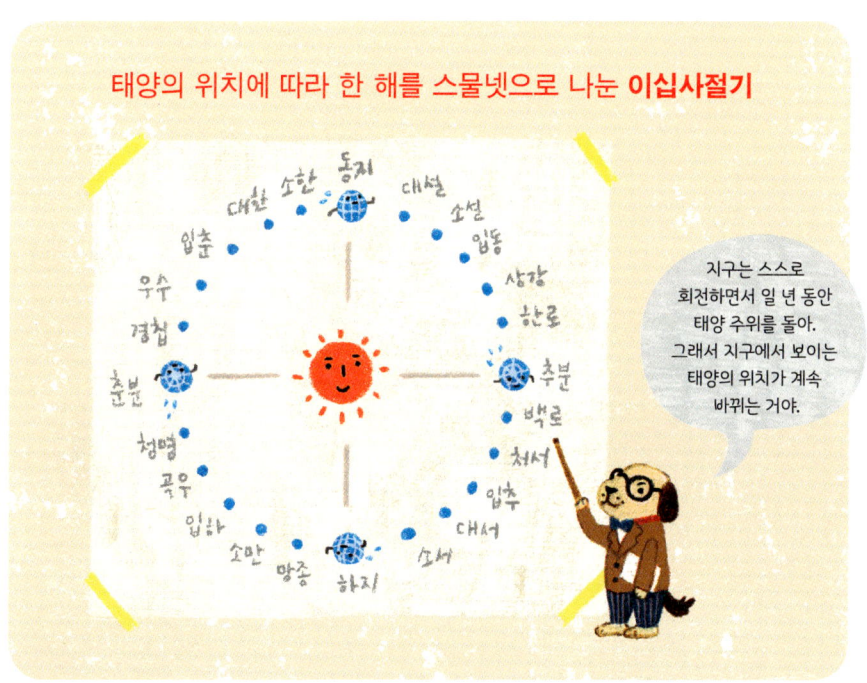

## 우리나라의 특별한 날, 명절과 절기

이제는 예전처럼 농사를 짓는 사람이 많지 않지만, 계절마다 돌아오는 명절과 절기는 여전히 우리나라에서 특별한 날이야. 갑자기 왜 특별한 날 이야기냐고? 그야, 명절이나 절기 같은 특별한 날들을 들여다보면 우리나라 사람들의 생각과 역사, 문화를 알 수 있기 때문이지.

우리 조상들은 씨앗을 뿌릴 때, 모내기를 할 때, 가을걷이할 때, 농사가 잘되기를 바라면서 하루를 특별하게 보냈어. 특별한 놀이를 하고 특별한 음식을 만들어 먹으며 가족들, 이웃들과 즐거운 시간을 보낸 거야.

그럴 때 먹는 음식은 단순히 배고픔을 채우기 위해 먹는 게 아니야. 거기에는 특별한 의미와 마음이 담겨 있거든. 놀이나 행사를 할 때도 조상에게 감사하는 마음을 전하거나, 풍년이 들기를 바라거나, 가족의 건강을 빌었지.

## 특별한 마음이 담긴 음식과 놀이

음식이나 놀이에 마음을 담는다는 건 어떤 의미일까?

생일상에는 미역국이 빠지지 않고 올라오잖아. 아무리 푸짐한 상이 차려져도 미역국이 없으면 진짜 생일상 같지가 않지. 그런데 생일에는 왜 미역국을 먹을까?

우리 조상들은 오래전부터 아기를 낳은 산모에게 미역국을 끓여 주었어. 미역국을 먹으면 아기에게 줄 젖이 잘 돈다고 생각했거든. 미역국 먹은 엄마가 준 젖을 먹고 컸으니, 우리가 태어나서 처음 먹은 것도 미역국인 셈이야. 그래서 생일이 되면 미역국을 끓여 주며 태어난 걸 축하해.

결혼식이나 환갑잔치 같은 잔칫날에 국수를 내놓는 건 국숫발처럼 오래 살라는 뜻이야.

　새해를 시작하는 첫날인 설날에는 새 옷을 입고, 어른들에게 세배를 하고, 덕담을 들어. 연을 날리며 저마다 한두 가지씩 새해의 소망을 빌기도 하지. 모두 새로 시작되는 한 해에 좋은 일이 있기를 바라며 하는 새해맞이 행사야.
　이렇게 어떤 음식을 먹거나 놀이를 하는 건 그 음식과 놀이에 담긴 마음을 같이 느끼는 것이란다.
　이제 특별한 날에 특별한 마음이 담긴 음식을 먹고 특별한 마음으로 놀이를 하는 이유를 조금은 알 것 같지?

> 더 알아보기

## ☀️ 농사를 다스리는 자, 나라를 다스리다!

　단군 신화를 보면 하늘 신의 아들인 환웅이 널리 세상을 이롭게 하려고 바람과 비와 구름의 신을 데리고 신단수라는 나무 아래로 내려와. 다른 신도 많은데, 왜 하필 바람과 비와 구름의 신을 데리고 왔을까? 바로 바람과 비와 구름이 날씨를 결정하기 때문이야.

　오래전 우리 조상들은 농사를 짓고 살았어. 날씨는 농사를 짓는 데 무척 중요해. 그러니까 환웅이 바람과 비와 구름의 신을 데려온 건, 날씨를 잘 다스려 농사에 어려움이 없도록 하겠다는 뜻이야.

농사가 잘되어야 백성들이 나를 믿고 따를 텐데…….

환웅뿐 아니라 나라를 다스리는 왕들은 모두 날씨에 관심이 많았어. 가뭄에 대비해 저수지를 만들고, 센바람을 막기 위해 나무를 심어 숲을 가꾸기도 했지. 오랫동안 비가 내리지 않을 때는 왕이 직접 하늘에 기우제를 지내며 비를 내려 달라고 빌기도 했어.

　조선 시대에는 왕이 직접 밭을 갈기도 했어. 농사가 얼마나 중요한지를 사람들에게 알리기 위해서였지. 서울 동대문 밖에 선농단이란 곳이 있었는데, 그 앞에 왕이 직접 가꾸던 밭이 있었어. 선농단은 인간에게 농사짓는 법을 가르쳤다고 전해지는 고대 중국의 왕 '신농씨'와 '후직씨'에게 제사 지내던 곳이야.

　한 가지 재미있는 사실! 당시 왕이 밭 가는 모습을 보러 온 사람들에게 쇠뼈를 고아 만든 국을 대접했는데, 선농탕이라 불렀대. 오늘날 우리가 먹는 설렁탕이 그 국에서 나왔다는 이야기가 있단다.

## 알쏭달쏭 낱말 사전

### 덕담

다른 사람이 잘되기를 빌며 하는 말이에요. 주로 새해에 많이 나눠요.

덕담은 "새해에는 시험에 합격했다지요.", "새해에는 부자가 되었다지요." 하고 과거형으로 말하는 경우가 많아요. 좋은 일이 꼭 이루어지기를 바라는 마음을 담은 것이지요.

### 명절

설날, 대보름날, 단오, 추석 등 해마다 일정하게 지켜 즐기거나 기념하는 날이에요. 추석 때 먹는 송편, 단오 때 하는 그네뛰기같이 명절에는 그날에 먹는 음식, 그날에 하는 놀이가 있어요.

추석에 올리는 차례상이에요. 추석에는 갖가지 음식을 장만해 조상에게 차례를 지내고 가족, 이웃과 정을 나눠요.

### 설렁탕

소의 머리, 내장, 뼈다귀, 발, 도가니 등을 푹 삶아서 만든 국이에요. 설렁탕을 언제, 어떻게 먹기 시작했는지에 관해서는 여러 가지 이야기가 있어요. 그중 하나가 조선 시대에 왕이 선농단에서 밭을 간 뒤에 백성들에게 내린 음식인 '선농탕'에서 나왔다는 거예요. 『조선요리학』이라는 책에서는 세종이 선농단에서 밭을 갈 때 쓴 소를 잡아 맹물에 넣고 끓여 먹은 것이 설렁탕의 시작이라고 설명하기도 해요.

설렁탕이 맹물에 고기를 삶은 국물을 뜻하는 몽골어 '슐루', '슈루'에서 온 말이라고 생각하는 사람들도 있어요.

### 춘분

이십사절기의 하나로, 3월 21일경이에요. 춘분에는 낮과 밤의 길이가 거의 같아요. 춘분 이후 낮의 길이가 점점 길어져서 6월 21일경인 하지에는 일 년 중 낮의 길이가 가장 길어요. 하지 이후로는 다시 낮의 길이가 점점 짧아져서 9월 23일경인 추분에는 낮과 밤의 길이가 거의 같아져요. 그러다가 12월 22일이나 12월 23일경인 동지가 되면 일 년 중 밤의 길이가 가장 길지요.

팥죽은 동지에 먹는 대표적인 음식이에요.

### 환갑잔치

예순한 살이 되면 회갑 또는 환갑이라 하여 잔치를 크게 열어요. 예전에는 병이나 전쟁 같은 것 때문에 노인이 될 때까지 사는 사람이 많지 않았어요. 그래서 환갑만 지나도 오래 살았다고 여겨 온 집안 사람들이 모여 잔치를 열고 기뻐했지요.

## ⭐ 도전! 퀴즈 왕

**다음 내용을 잘 읽고 빈칸에 알맞은 단어를 써 보세요.**

1. _____ 은 달의 모양 변화를 기준으로 만든 달력이에요. 밤하늘에 달의 모습이 완전히 사라졌다가 다시 나타나 완전히 사라질 때까지를 한 달로 삼지요.

2. 우리 조상들은 설, 추석 같은 명절은 음력을 따르고 춘분, 하지, 추분, 동지 같은 _____ 는 농사를 지을 때 기준으로 삼았어요.

3. 새해 첫날인 설날에 어른들에게 세배를 하고 듣는 _____ 에는 새로 시작되는 한 해에 좋은 일이 있기를 바라는 마음이 담겨 있어요.

4. 서울 동대문 밖에 있었던 _____ 은 인간에게 농사짓는 법을 가르쳤다는 신농씨와 후직씨에게 제사를 지내던 곳이에요. _____ 앞에는 왕이 직접 가꾸는 밭을 두어 농사가 얼마나 중요한지를 알렸어요.

정답: 1. 음력 2. 이십사절기(절기) 3. 덕담 4. 선농단

## ② 꽃 피는 봄

봄의 명절과 절기

## 봄의 시작을 알리는 입춘과 삼짇날

양력으로 2월 4일경인 입춘은 이십사절기의 첫 번째 절기야. **양력**은 지구가 태양 주위를 한 바퀴 도는 데 걸리는 시간을 일 년으로 정해 만든 달력이지.

우리 조상들은 입춘부터 봄이 시작된다고 생각했어. 입춘이 되면 산에서 채소와 약초를 캐다가 음식을 해 먹곤 했지.

하지만 파릇파릇 풀이 돋고 꽃이 피는 진짜 봄다운 봄은 음력 3월 3일 삼짇날 무렵부터야.

예전에는 숫자에도 음의 기운과 양의 기운이 있다고 믿었어. 1, 3, 5, 7, 9 같은 홀수는 양의 수이고 2, 4, 6, 8, 10 같은 짝수는 음의 수라고 본 거지. 삼짇날처럼 양의 숫자가 겹치는 날은 양의 기운이 더욱 커진다고 생각해서 특히 좋은 날로 여겼어.

추운 겨울 내내 웅크리고 지낸 사람들에게 삼짇날은 아주 반가운 날이었어. 사람들은 너도나도 들로 나가 새로 돋아난 풀을 밟으며 봄을 즐겼어. 이렇게 봄에 파랗게 난 풀을 밟으며 산책하는 걸 '답청'이라고 해.

## 화전에 담은 봄기운

　삼짇날에 아이들은 새로 난 풀을 뜯어 풀싸움을 했어. 풀이름 맞추기, 더 많은 풀 뜯어 오기 등 풀싸움의 종류는 셀 수 없이 많아. 마을 청년들은 깃발을 앞세우고 다른 마을에 가서, 누가 먼저 깃발을 쓰러뜨리나 내기를 했어. 한 해 농사를 점쳐 보는 마을 전체의 행사였지.

　하지만 뭐니 뭐니 해도 삼짇날 하면 화전이야. 화전은 동글납작하게 빚은 찹쌀 반죽을 막 피어나기 시작한 봄꽃들로 예쁘게 장식해 지져 낸 거야. 봄이 온 것을 혀끝에서부터 느낄 수 있는 봄날의 별미이지.

　화전에는 주로 진달래꽃과 쑥 잎을 썼어. 연분홍빛 진달래꽃에 초록빛 쑥 잎이 어찌나 잘 어울리는지, 먹기가 아까울 정도로 예쁘단다.

꽃이랑 쑥 향기 좋다!

이른 봄에 난 쑥을 다진 고기와 함께 둥글게 빚어 국으로 끓인 애탕도 삼짇날 무렵 먹는 음식이야. 어린 쑥을 살짝 데쳐 물기를 꼭 짠 다음, 다져 놓은 쇠고기에 섞어 동글동글하게 완자를 만들어 펄펄 끓는 장국에 넣고 끓여. 거기에 마지막으로 쑥잎을 한두 장 올리면 보기에도 곱고 맛도 좋은 애탕 완성!

쑥 향기 그윽한 애탕을 먹으면 '아, 이제 정말 봄이구나. 추운 겨울도 다 지나갔구나.' 하는 생각이 절로 들걸.

## 한식에는 불을 피우면 안 돼!

한식이라는 특별한 날도 있어. 보통 4월 5일이나 6일경이지.

한식에는 불을 피우지 않고 찬 음식을 먹어. 왜 그럴까?

옛날에는 불을 피우기 쉽지 않아서 집집마다 불씨를 꺼뜨리지 않고 오래 사용했어. 그러나 한편으로는 불이 오래되면 생명력이 없고 사람에게 나쁜 영향을 미친다고도 생각했지.

그래서 한식 무렵이 되면 오래된 불을 끄고 찬 음식을 먹은 거야. 그러고 새로 불을 만들어 썼지.

불을 소중히 여기던 옛날에 한식은 설날, 단오, 추석과 함께 우리나라의 4대 명절로 꼽혔어.

조선 시대에는 한식 무렵이 되면 왕이 궁궐 안에 있는 관청과 높은 관리들에게 불씨를 나누어 주기도 했대.

가마솥도, 아궁이도 쉬면서 새 불씨를 기다리는 날~

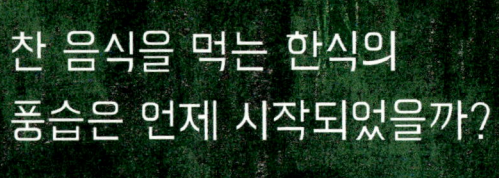

# 찬 음식을 먹는 한식의 풍습은 언제 시작되었을까?

옛날 중국 진나라에 개자추라는 사람이 살았어. 개자추는 진나라의 왕 문공이 어렵게 지낼 때, 자신의 넓적다리 살을 베어 구워 먹일 정도로 충성심이 깊었지.

하지만 왕이 된 후 문공은 개자추를 까맣게 잊어버렸어.

하하~ 드디어 왕이 되었도다!

실망한 개자추는 어머니와 함께 산으로 들어가 숨어 살았어.
뒤늦게 자신의 잘못을 깨달은 문공이 개자추를 찾았지만,
개자추는 산에서 나오려 하지 않았지.

그때 한 신하가 꾀를 냈어.
"개자추가 숨은 산에 불을 지르면 뜨거워서 뛰쳐나올 겁니다."
문공은 좋은 생각이라며 산에 불을 질렀어.
하지만 개자추는 끝내 산에서 나오지 않았고,
결국 불에 타 죽고 말았어.

문공은 크게 후회하며, 개자추가 죽은 날에는 더운밥을 먹지 않았어. 개자추의 혼을 위로하기 위해서였지. 찬 음식을 먹는 한식의 풍습은 이 일에서 시작되었다고들 해.

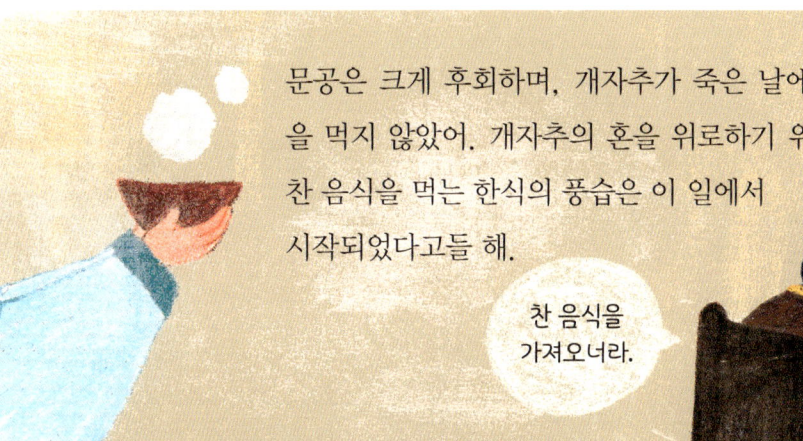

찬 음식을 가져오너라.

## 단오를 책임지는 풀 삼총사

5월 5일이 무슨 날이게? 맞아, 네가 최고로 좋아하는 어린이날. 그런데 그건 양력 이야기고, 음력 5월 5일은 단오야.

우리 조상들은 단오를 큰 명절로 삼았어. 삼짇날처럼 단옷날에도 양의 숫자가 두 개나 겹치니까 이 날에는 특별히 양의 기운이 왕성하다고 생각했지.

단오는 모내기가 끝나고 여름이 막 시작될 무렵이야. 비가 많이 오는 계절이라 나쁜 병이 돌기도 쉽지. 그래서 단오에는 나쁜 기운을 없애고 건강하게 여름을 나기 위해 여러 가지를 준비했어.

단오 하면 떠오르는 창포, 익모초, 쑥 등이 다 그런 준비에 쓰였단다.

 **단옷날 일기**

14xx년 음력 5월 5일
날씨 맑음

아침 일찍 일어나
쑥을 잔뜩 베어 왔다.

단옷날에는 아침 일찍 쑥을 베어 다발로 묶은 다음 대문 옆에 세워 뒀어. 그러면 나쁜 일이 생기지 않는다나.

또 창포를 넣어 끓인 물로 세수를 하고 머리를 감았어. 창포가 머릿결을 좋게 할 뿐 아니라, 나쁜 기운을 물리치게 해 준다고 믿었기 때문이야.

익모초는 어머니에게 이로운 풀이라는 뜻을 가진 약초야. 단옷날에 익모초 생즙을 마시면 여름 내내 배탈이 나지 않는다고 생각했대.

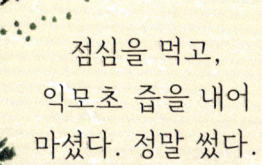

점심을 먹고, 익모초 즙을 내어 마셨다. 정말 썼다.

창포물로 머리를 감았더니 머릿결이 비단 같아졌다. 이제 여름 준비 끝. 더위야, 와라!

## 왕의 건강 음료, 제호탕

 단오의 다른 이름은 수릿날이야. 일 년 중 최고의 날이라는 의미가 담겨 있다고 해. 수리에는 높다는 뜻이 있거든.
 단옷날에는 수리취 절편도 해 먹어. 쌀가루에 수리취 나물을 넣어 둥글게 빚은 후에, 수레바퀴 모양의 떡살을 눌러 만든 떡이지.

단오 무렵은 날이 더워지기 시작하는 때여서 여러 음료를 만들어 먹었어. 식혜나 수정과는 너도 먹어 봤지? 하지만 제호탕은 먹어 본 적이 없을걸.

제호탕은 꿀물에 한약재를 갈아 넣고 뭉근한 불에 오래오래 달여 낸 다음, 시원한 물에 타 먹는 음료야. 조선 시대에는 단옷날이 되면 왕의 건강을 돌보는 내의원에서 왕에게 제호탕을 만들어 올렸어. 왕이 더운 여름을 잘 넘겼으면 하는 마음을 담은 거지. 그러면 왕은 그 제호탕을 신하들과 나누어 마셨어. 왕과 신하들이 서로를 아끼는 아름다운 마음이 느껴지니?

> 더 알아보기

##  세상에서 가장 넘기 힘든 보릿고개

우리나라에서 제일 높은 고개는 어디일까? 설악산을 넘는 한계령? 경상도에서 충청도로 넘어 가는 추풍령? 모두 땡! 우리나라에서 제일 높았던 고개는 바로 보릿고개란다.

보릿고개는 진짜 있는 고개가 아니야. 하지만 어떤 고개보다도 훨씬 더 넘기 힘들었던 고개였지. 추풍령이나 한계령을 넘는 건 보릿고개에 대면 식은 죽 먹기였어.

보릿고개가 도대체 뭐냐고? 보릿고개는 먹을 게 거의 다 떨어진 5, 6월 때쯤을 이르는 말이야. 농사짓는 기술이 발달하지 않았던 예전에는 작물의 수확량이 그리 많지 않았어. 지난해 가을에 거둬들인 곡식이 바닥나면, 사람들은 꼼짝없이 보리가 익기만을 기다려야 했어.

그러니까 남은 양식은 다 떨어져 가는데 새로운 곡식은 나지 않아 먹을 것이 없던 때를 바로 보릿고개라고 하는 거지.

보릿고개 동안 사람들은 냉이를 캐서 죽을 끓여 먹기도 하고, 나무 껍질을 벗겨 삶아 먹기도 했어. 보리가 익기만을 기다리면서 말이야.

지금도 보릿고개가 있느냐고? 아니, 농업 기술이 발달하고 우리나라가 잘살게 되면서 이제 보릿고개는 옛말이 되었어. 참 다행이지?

## ★ 알쏭달쏭 낱말 사전

### 내의원

조선 시대에 왕의 건강에 관한 일을 맡아 보던 관청이에요. 우리나라 사람들이 자주 앓는 병의 증세와 치료법을 정리해 『동의보감』을 지은 조선 선조 때의 유명한 의사 허준도 내의원의 관리였어요.

허준 박물관에 있는 허준의 초상이에요.

### 모내기

요즘에는 이앙기로 모내기를 해서, 손으로 모내기를 할 때보다 시간과 노력이 훨씬 줄어들었어요.

벼의 씨인 볍씨를 못자리에 뿌린 다음, 어느 정도 자라서 모가 되면 논에 옮겨 심는 일이에요. 우리나라에서는 보통 5월 중순에서 6월 중순 사이에 모내기를 해요. 모내기를 너무 일찍 하면 벼가 잘 자라지 않고, 너무 늦게 하면 낟알 수가 줄고 벼의 질이 떨어질 수 있어서 모내기를 언제 하는지가 아주 중요해요.

### 별미

특별히 좋은 맛이나, 그런 맛을 지닌 음식을 말해요.

무, 배추 외에 계절에 나는 재료로 가끔 담가 먹는 김치를 '별미 김치'라고 해요. 우리나라에서는 지방에 따라 더덕, 부추, 도라지 등 다양한 채소로 별미 김치를 담가 먹어요.

### 양

우리 조상들은 세상에 있는 모든 것이 음과 양이라는 서로 반대되는 두 가지 기운으로 나타난다고 생각했어요. 그래서 달과 해, 겨울과 여름, 북과 남 등을 모두 음과 양으로 구분했지요. 두 기운 가운데 양은 밝음, 하늘, 해, 더움 등을 나타내요.

우리나라 국기인 태극기는 흰 바탕의 한가운데에 진홍빛 양과 푸른빛 음의 태극이 있어요.

### 음

어둠, 땅, 달, 차가움 등을 나타내요. 옛사람들은 음과 양이 조화를 이루어야 좋다고 믿었어요.

### 풀싸움

풀잎이나 꽃, 나무를 꺾어서 승부를 겨루는 놀이예요. 풀싸움의 종류에는 여러 가지가 있어요. 잎사귀가 여럿 달린 아까시나무 나뭇잎을 손가락으로 세게 튀겨서 떼어 내는 잎사귀 따기 놀이, 토끼풀처럼 줄기가 억센 풀을 엇갈리게 걸고 동시에 잡아당겨서 상대방의 것을 먼저 끊어 내는 줄기 끊기 등이 있지요.

억새풀이나 갈대 같은 키가 큰 식물의 줄기를 뽑아서 누가 멀리 던지는지 재거나, 미리 시간을 정한 다음 누가 더 많은 종류의 풀을 뜯어 오는지를 겨루거나, 풀이름을 알아맞히는 풀싸움도 할 수 있어요.

## ⭐ 도전! 퀴즈 왕

봄의 명절과 절기에 관한 설명을 잘 읽고 맞으면 ○, 틀리면 ✕를 표시하세요.

1. 음력 3월 3일 삼짇날은 음의 숫자가 두 번 겹치는 날이에요. (    )

2. 삼짇날에는 동글납작하게 빚은 찹쌀 반죽에 진달래꽃과 쑥 잎을 올려 지져 낸 화전을 먹었어요. (    )

3. 한식에는 창포를 넣어 끓인 물로 세수를 하고 머리를 감았어요. 창포가 머릿결을 좋게 할 뿐 아니라 나쁜 기운을 물리치게 해 준다고 믿었기 때문이지요. (    )

4. 조선 시대에는 단옷날 내의원에서 왕에게 제호탕을 만들어 올렸어요. 제호탕은 꿀물에 한약재를 갈아 넣고 뭉근한 불에 오랫동안 달여 낸 다음, 시원한 물에 타 먹는 음료예요. (    )

정답 1.✕ 2.○ 3.✕ 4.○

# ③ 숨이 턱턱 막히는 여름

여름의 명절과 절기

## 가을이 여름 앞에 엎드린다고?

계절이 여름으로 바뀌면 하루가 다르게 날이 더워져. 놀이터에서 뛰노는 친구들 얼굴을 한번 봐. 하나같이 빨갛게 달아올라 있지 않니?

이렇게 더운 날엔 입맛도 없어. 너도 저녁밥을 깨작거렸다고? 입맛이 없는 날엔 삼계탕만 한 게 없는데! 게다가 이제 곧 초복이잖아?

응? 초복이 뭐냐고?

　삼복더위라는 말, 들어 봤지? 삼복이란 초복, 중복, 말복을 통틀어 이르는 말이야. '복'은 한자로 엎드린다는 뜻이니까, 삼복은 세 번 엎드린다는 거지.

　우리 조상들은 가을 기운이 여름 기운 앞에 "내가 졌소!" 하고 세 번은 엎드려야 비로소 가을이 온다고 생각했어. 그러니까 삼복더위는 서늘한 가을 기운이 세 번이나 납작 엎드릴 만큼 심한 더위를 말하는 거지. 초복은 그중 처음을 뜻하는 거고.

## 여름 더위를 이기는 음식

삼복 무렵은 일 년 중 제일 더울 때야. 많은 사람들이 더위에 지쳐서 기운이 없고 힘을 못 쓰지. 그래서 우리 조상들은 삼복에 여름 더위를 이길 수 있는 음식을 만들어 먹었어.

복날 먹는 음식 중 가장 유명한 게 바로 삼계탕이야. 닭의 배 안에 고소한 찹쌀과 인삼, 대추, 황기, 마늘처럼 이름만 들어도 건강해질 것 같은 재료들을 가득 채운 뒤 펄펄 끓여 만들지. 복날에 삼계탕집 앞에 줄지어 선 사람들의 모습은 우리나라만의 독특한 여름 풍경이란다.

쇠고기로 만든 육개장도 복날에 먹는 음식 중 하나야. 쇠고기에 대파나 토란대, 고사리 같은 채소를 함께 넣어 펄펄 끓여서 만들지. 여름 더위를 물리치고 기력을 보충하기에 좋은 음식이었어.

그런데 우리 조상들은 쇠고기 먹는 것을 조금 불편해했다고 해. 왜 그럴까?

지금이야 농기계를 이용해서 농사를 짓지만, 예전에는 대부분 소를 이용해서 농사를 지었어. 소에 쟁기를 걸어 밭을 갈고, 추수한 곡식은 소에 실어 옮겼지. 그러니까 우리 조상들에게 소는 먹을거리가 아니라, 농사를 돕는 일손이자 또 다른 식구 같은 존재였던 거야.

## 여름에는 과일이 최고!

복날에는 과일도 인기야. 참외나 수박처럼 물기 많고 달콤한 여름 과일은 더위에 지친 사람들을 금세 기운 나게 하는 마법의 음식이란다.

잘 익은 수박을 시원하게 뒀다가 쪼개 먹으면, 한낮의 더위를 잠시나마 잊을 수 있겠지? 수박은 땀으로 빠져나간 우리 몸의 수분을 보충하는 데도 좋단다.

여름 과일은 화채로 만들어 먹기도 해. 커다란 그릇에 과일들을 썰어 넣고, 미리 우려내 둔 오미자 물을 부어 먹는 거야. 아삭아삭 씹히는 과일에 새콤달콤한 오미자 물이 어우러진 과일 화채는 맛도 좋고 보기에도 좋은 여름 음식이야.

가래떡을 구슬만 하게 썬 다음, 차가운 오미자 물에 띄워 만든 수단도 복날 더위를 잊게 만드는 음료란다. 달콤한 걸 좋아한다면 오미자 물 대신 꿀물에 띄워 마셔도 좋아.

## 흐르는 물에 머리를 감는 유두

 수단은 꼭 복날에만 먹은 건 아니야. 초복과 중복 사이에 오는 유두에도 수단을 먹었어.
 유두는 음력 6월 15일 무렵인데 옛 선비들은 이날, '유두연'이라는 잔치를 벌였어. 시원한 계곡이나 물가에 가서 맛있는 음식을 먹고, 시도 지어 읊으면서 하루를 즐겼지. 또 유둣날에는 나쁜 일을 떨쳐 버리기 위해 동쪽으로 흐르는 물에 머리를 감아. '유두'라는 말이 '흐르는 물에 머리를 감는다'는 뜻이거든.

유둣날 하는 일 중 가장 중요한 건 '유두천신'이야. 참외, 수박 같은 햇과일과 밀국수, 떡 등으로 조상에게 차례 드리는 걸 유두천신이라고 해. 농사를 잘 보살펴 준 조상과 하늘에게 감사 드리는 거지. 사람과 자연의 조화를 소중하게 생각한 우리 조상들의 마음이 느껴지지 않니?

이런 유둣날의 풍속은 고려 시대에도, 더 이전에는 신라 시대에도 있었대.

## 우리나라 국수는 좀 달라!

유둣날에는 햇밀가루로 유두면이라는 국수를 만들어 먹어.

그런데 그거 아니? 중국이나 일본도 국수를 먹지만 우리나라와는 면을 만드는 방법이 다르다는 거.

일본이나 중국은 반죽을 손으로 잡아 늘여서 면을 만들어. 손으로 반죽을 치는 수타 방식을 쓰기도 하고.

우리나라는 달라. 구멍이 뚫린 바가지에 반죽을 밀어 넣어 그 구멍으로 면이 나오게 하거든. 우리가 자주 먹는 냉면도 이런 방식으로 면을 만들어.

예전에는 유두면을 만들 때 밀가루를 둥근 구슬처럼 빚어 알록달록 색을 들이기도 했어. 그렇게 물들인 밀가루 구슬 세 개를 색실에 꿰어 몸에 차거나 문에 걸어 두면, 나쁜 기운을 막을 수 있다고 생각했대.

참, 가끔 사람들이 "국수 언제 먹여 줄 거예요?" 하고 묻는 거 봤지? 그 말은 아직 결혼을 안 한 사람에게 언제 결혼할지를 물어보는 거야. 결혼식에서 손님에게 국수를 많이 대접하거든. 국수와 관련된 우리나라만의 독특한 화법이지.

## 더 알아보기

###  옛날 사람들은 어떻게 여름을 보냈을까?

 선풍기나 에어컨이 있는 요즘도 여름을 나기는 쉽지 않아. 선풍기 앞에 앉아 얼음을 와자작 깨물어 먹어도 오 분만 지나면 금세 더워지니까. 그런데 냉장고도, 선풍기도 없던 옛날에는 어떻게 여름을 보냈을까?

### 백성들의 여름 나기

백성들은 여름에도 농사일을 게을리할 수 없었어.
하지만 한낮에 논에 나가 일을 하다가는 일사병에
걸려 큰일 날 수 있어.
그래서 여름에는 이른 새벽에 농사를 지었단다.
태양이 이글거리는 한낮이 되면 농사일은 그만하고,
냇가에 나가 물고기를 잡거나 멱을 감았어.
그러다가 지치면 시원한 그늘에 앉아 차가운 냇물에
담가 뒀던 과일을 먹었지. 또 삼계탕 같은 음식을
만들어 더위에 지친 몸에 기운을 불어넣기도 했어.

### 양반들의 여름 나는 비법

양반들이 멱 감더라는 이야기, 들어 봤니? 양반은
아무리 더워도 밖에서 절대로 옷을 벗지 않아.
그렇다고 걱정할 필요는 없어. 양반들에게도 나름대로
여름을 나는 비법이 있었으니까. 양반들은 시원한
평상에 돗자리를 펴거나 죽부인을 끌어안고, 부채로
햇빛을 가리거나 바람을 일으켜 더위를 피했어.
또 바람이 잘 통하는 옷 안에 등거리나 등토시를 걸쳐서
옷감이 몸에 달라붙는 걸 막았어. 정말 더운 날에는
냇가에 발을 담그고 시를 읊는 탁족회를 열기도 했대.

### 왕의 얼음 냉장고

왕은 한여름에도 얼음을 먹었어. 냉장고가 없던 시절에 웬 얼음이냐고? 초대형 돌 냉장고인 석빙고가 있었거든. 한겨울 꽁꽁 언 강에서 구한 얼음을 석빙고에 보관해 두면 더운 날씨에도 잘 녹지 않았어.

석빙고는 꼭 무덤처럼 생겼는데, 안팎으로 서로 다른 크기의 돌로 벽을 쌓았어. 바닥은 경사지게 만들어서 얼음 녹은 물이 잘 흘러 나가도록 했지. 또 지붕에는 잔디를 심어 바깥의 더운 공기가 석빙고 안에 영향을 주지 않게 했어.

옛날 책을 보면 신라 시대에도 석빙고가 있었다는데, 지금 남아 있는 것은 모두 조선 시대에 지은 것들뿐이야. 석빙고가 궁금한 사람은 어른들에게 부탁해서 경주, 안동, 창녕, 청도, 현풍, 영산에 있는 석빙고 중 한 곳에 찾아가 봐.

## ★ 알쏭달쏭 낱말 사전

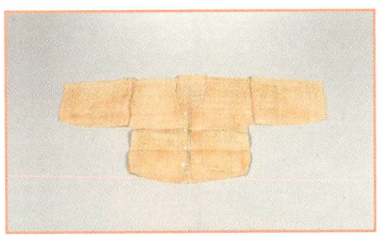

### 등거리
등 깃이 없고 소매가 짧거나 없어 등만 덮을 수 있게 만든 옷이에요. 여름에 우리 조상들은 바람이 잘 통하고 땀 흡수가 잘되는 삼베로 등거리를 만들어 맨살에 그냥 입곤 했어요.

### 등토시
등나무 줄기를 가늘게 쪼개 엮어 만든 토시예요. 더운 여름, 옷에 땀이 배지 않게 하기 위해 팔에 꼈어요.

### 멱
냇물이나 강물, 바닷물에 들어가 몸을 담그고 씻거나 노는 일로 '미역'의 준말이에요.

### 삼복
초복, 중복, 말복을 통틀어 일컫는 말로, 여름철의 몹시 더운 기간을 말해요. 삼복은 보통 음력 6월에서 7월 사이에 드는데, 10일 간격으로 들기 때문에 초복에서 말복까지는 20일이 걸려요.

왼쪽의 삼계탕과 오른쪽의 육개장은 복날에 더위를 이기고 몸의 영양을 보충하기 위해 먹는 음식이에요.

### 일사병

한여름 뙤약볕에 오래 서 있거나 운동, 일 등을 하면 일사병이 생길 수 있어요. 일사병이 나면 심한 두통과 어지럼증이 생기고 숨이 가빠져서 심한 경우 정신을 잃고 쓰러지기도 해요.

### 죽부인

대나무를 쪼개 가늘게 깎은 대오리를 얼기설기 엮어서 사람의 몸과 비슷한 크기로 만든 도구예요. 속이 비어 있어 공기가 잘 통하는 데다, 대나무의 차가운 감촉을 느낄 수 있지요. 무더운 여름날 밤에 죽부인을 안고 자면 더위가 한결 덜해요.

예전에는 집안의 가장 웃어른만이 죽부인을 안고 잠자리에 들 수 있었다고 해요.

### 탁족회

여름에 경치 좋은 곳을 찾아다니며 시를 지어 읊는 선비들의 모임을 말해요. '탁족'은 '발을 씻는다'는 뜻의 한자인데, '세상을 벗어난다'는 의미도 있어요. 그래서 유두나 복날 더위를 피해 야외로 나가 시원한 냇물에 발을 담그며 몸을 식히는 것을 '탁족 놀이'라고 하지요.

조선 시대 선비들은 여름에 시원한 냇가를 찾아 더위를 이겨 냈어요.

## ⭐ 도전! 퀴즈 왕

다음 중 여름의 명절과 절기에 관한 설명으로 바르지 않은 것을 모두 고르세요.

❶ 우리 조상들은 삼복에 삼계탕, 육개장 같은 음식을 먹으며 더위를 이겨 냈어요.

❷ 가래떡을 구슬처럼 둥글게 빚어 차가운 오미자 물에 띄워 만든 수단은 복날에만 먹는 음식이에요.

❸ 유둣날 아침에 갓 수확한 참외, 수박 같은 햇과일과 밀국수, 떡 등으로 조상에게 차례 드리는 것을 '유두천신'이라고 해요.

❹ 우리나라에서는 국수를 만들 때, 일본이나 중국과 달리 반죽을 손으로 치거나 잡아 늘여서 면을 만들어요.

❺ 초대형 돌 냉장고인 석빙고는 조선 시대에 처음 만들어졌어요. 한겨울 꽁꽁 언 강에서 구한 얼음을 석빙고에 보관해 두면 여름에도 얼음을 먹을 수 있지요.

정답 ❷, ❹, ❺

# ④ 먹을 것이 풍성한 가을

### 가을의 명절과 절기

## 우리 민족의 큰 명절, 추석

음력 8월 15일은 우리 민족의 으뜸 명절인 추석이야. 농사를 짓고 살았던 우리 민족에게 추석은 아주 큰 명절이었어. 추석은 그해에 농사가 잘되게 해 준 것을 하늘과 조상에 감사하는 날이거든.

추석은 가을의 한가운데야. 들판에는 곡식이 누렇게 익어 가고, 추수를 앞둔 과일과 채소들도 풍성해서 사람들의 마음까지 넉넉하고 여유로워져. 하늘은 높고 날씨도 온화해서 생활하기에도 더없이 좋아.

지금도 추석이 되면 온 가족이 한자리에 모이잖아. 옛날에도 그랬어. 추석에는 그간 농사일에 바빠 볼 수 없었던 친척들이 오랜만에 만나 맛있는 음식도 먹고 놀이도 즐기며 풍년을 축하했어. 그래서 "더도 말고 덜도 말고 한가위만 같아라." 하는 속담도 생겼나 봐. 아, 한가위는 추석의 또 다른 이름이야. 가위, 가배일이라고 부르기도 해.

## 추석에는 무슨 일을 할까?

 '유두천신' 기억나니? 유두 무렵에 새로 나온 곡식과 과일을 조상에게 올리고 감사하는 일이잖아.

 추석날 아침에도 정성껏 준비한 음식들로 차례를 지내. 갓 수확한 배, 사과, 밤, 대추를 비롯해 햅쌀로 만든 송편 등으로 차례상을 차리는 거야. 햅쌀로 담근 술인 신도주도 빠뜨리면 안 돼.

 차례가 끝나면 다 함께 음식을 나눠 먹은 다음, 조상의 묘를 살폈어. 밤에는 마을 동산에 올라 보름달을 보면서 달맞이를 하고 소원을 빌었지.

 우리 조상들은 추석날 밤에 둥근 보름달을 보면, 다음 해 농사가 풍년이라고 생각했어. 반대로 날씨가 흐리고 구름이 끼어 달을 못 보면, 다음 해에는 농사가 잘 안 될 거라고 걱정했지. 추석날 밤에 비가 오면 정말 큰일이야. 그러면 다음 해에 흉년이 든다고 생각했거든.

아이코, 허리야.

## 추석 하면 송편이지!

송편은 대표적인 추석 음식이야. 막 수확한 벼를 찧은 햅쌀로 만든 송편을 '오려 송편', '올벼 송편'이라고 해. 일찍 나온 쌀로 빚은 송편이라는 뜻이지.

송편은 어떻게 만들까? 일단 쌀을 빻아 만든 쌀가루에 끓는 물을 쳐 가며 익반죽을 해. 거기에 녹두, 밤, 팥, 참깨, 콩 등을 넣어서 반달 모양으로 빚어. 그리고 커다란 찜솥에 솔잎을 켜켜이 깔고 그 위에 떡을 얹어서 쪄 내. 그러면 떡에서 은은한 솔잎 향이 날 뿐 아니라, 떡 겉면에 솔잎 자국이 남아서 한층 더 멋스러운 떡이 된단다.

요즘은 반죽할 때 당근 즙도 넣고 치자 물도 넣고 쑥도 넣는대. 알록달록 아주 예쁜 색깔의 송편이 되겠지?

## 추석은 언제 생겨났을까?

먼 옛날부터 사람들은 풍년을 기원하며 하늘에 제사를 지냈대. 한 해 농사가 잘되기를 바라던 풍습이 풍성한 수확을 감사하며 다 함께 즐기는 가을의 명절로 바뀐 것이 추석이라고 해.

추석에 대한 가장 오래된 이야기는 신라 유리왕이 연 길쌈 대회로 시작해. 경주에 사는 여자들을 두 편으로 갈라 길쌈 실력을 겨루게 한 거야.

길쌈이 뭐냐고? 옷감 짜는 일이 길쌈이야. 견우와 직녀 이야기에 나오는 직녀가 길쌈을 했던 거 기억나지? 시합은 한 달 동안 계속되었고 사람들은 밤낮없이 열심히 길쌈을 했어.

올해는 우리 편이 이겼어!

드디어 음력 8월 15일. 왕이 어느 편이 더 잘했는지 판정을 내렸어. 진 편이 이긴 편을 위해 음식을 준비해 잔치를 열었고, 모두들 춤추고 노래하며 잔치를 즐겼지.

그런데 잔치 중에 진 편의 한 여인이 일어나 춤추며 "회소 회소……." 하고 탄식한 거야. 하긴 시합에서 졌으니 얼마나 슬펐겠어. 그 소리가 어찌나 애처로웠던지 '회소곡'이라는 노래가 지어졌대.

그래도 그날 밤은 사람들이 함께 모여 더더욱 풍성하고 즐거웠을 거야. 지금의 우리 추석처럼 말이야.

## 「농가월령가」만 알면 추석 음식 걱정 끝!

옛날 사람들은 추석에 어떤 음식을 만들어 먹었을까?

조선 시대에 학자 정약용의 아들인 정학유가 지은 「농가월령가」라는 노래를 보면 그 답을 알 수 있어.

「농가월령가」는 당시 농가에서 달마다 해야 할 일을 정리해 노래로 만든 거야. 그래서 농사짓는 일에 서툰 사람이라도 「농가월령가」를 보면 그 달에 해야 할 일을 잘 알 수 있었지.

어디, 추석이 있는 「농가월령가」 8월의 노래를 한번 볼까?

"북어쾌 젓조기로 추석 명절 쇠어 보세. 신도주, 올벼 송편, 박나물, 토란국을 선산에 제물하고 이웃집 나눠 먹으세."

어때? 이 노래를 들으면 추석에 신도주를 준비하고, 송편을 빚고, 토란국을 끓이고, 박나물을 무쳐야 한다는 걸 알 수 있겠지?

## 추석에 토란국과 박나물을 먹는다고?

「농가월령가」에서 말한 토란국과 박나물은 어떤 음식일까?

토란과 박은 모두 추석 무렵에 거두어들이는 채소야. 토란은 흙 속에서 자라지만, 꼭 달걀처럼 동글동글하게 생겼어. 그래서 '흙에서 나온 알'이라는 뜻의 토란이란 이름이 붙었지. 박나물은 박의 속을 긁어낸 다음 얇게 저미거나 굵게 채 쳐서 무친 음식이야.

토란과 박 말고도 추석 무렵에는 여러 채소들이 많이 나. 그런 채소들을 잘 수확해 둬야 추석 차례상도 차리고, 채소가 많이 나지 않는 겨울에도 채소를 먹을 수 있어. 가을에 수확한 채소를 볕에 말려 잘 갈무리해 두면 겨울에 여러 반찬으로 요리해 먹을 수 있거든.

그중에서도 호박이나 무, 가지 같은 채소의 살을 길게 오리거나 썰어서 말린 것을 '오가리'라고 해. 어디, 오가리 만드는 법을 한번 알아볼까?

## 오가리 만들기

가을에 수확한 채소를 깨끗이 씻어 껍질을 벗겨요.

채소에 따라 굵게 채 썰거나 얇게 저며요.

바람이 잘 통하고 햇볕이 잘 들면서 비가 들이치지 않는 곳에 널어 말려요.

필요한 때에 오가리를 꺼내 불린 다음, 볶거나 찌개에 넣어 먹어요.

## 봄 화전은 진달래, 가을 화전은 국화

　추석이 끝나고 보름에서 며칠이 더 지나면 음력 9월 9일 중양절이야. 옛날 사람들은 중양절을 아주 좋은 날로 여겼어. 양의 숫자 중에서도 9는 특히 밝고 힘찬 양의 기운을 가진 숫자라고 생각했거든. 그러니 9가 두 개나 겹친 중양절은 얼마나 좋은 날이야?
　중양절에 사람들은 가까운 산에 올라 시를 지으며 하루를 즐겼어.

중양절의 대표 음식은 국화전이야. 봄에는 진달래꽃으로 화전을 부치지만, 중양절에는 가을꽃으로 유명한 국화로 화전을 부쳤어. 술에 국화꽃을 띄워 마시거나 국화주를 즐기기도 했지.

## 더 알아보기

###  차례상에 밤, 대추, 감은 빠지면 안 돼!

추석 차례상에 오르는 음식에는 저마다 의미가 있어. 그중 대추와 밤, 감의 의미를 알아볼까?

### 자손을 의미하는 대추

결혼할 때 신랑 신부가 한복으로 갈아입고 어른들께 절을 올리면, 어른들이 좋은 말을 하면서 신부의 치마 위로 대추를 던지잖아. 대추 수만큼 자식을 많이 낳고 잘 살라고 말이야. 왜 그럴까? 대개 나무는 꽃이 핀 자리에 열매를 맺어. 그러나 태풍이 불거나 가뭄이 들면 꽃이 열매를 못 맺고 그냥 지기도 하지. 대추나무는 안 그래. 꽃이 핀 자리에는 꼭 열매가 달려. 대추가 자손의 번성함을 상징하게 된 이유란다.

### 조상을 의미하는 밤

보통 식물의 씨앗은 땅에 심으면 싹을 틔운 후에 썩어 버려. 그런데 밤의 씨앗은 밤나무로 자란 후에도 썩지 않고 뿌리 끝에 잘 붙어 있대. 그래서 차례상에 오르는 밤은 조상을 의미해. 우리가 평소에 잘 지낼 수 있는 건 밤나무 뿌리 끝에 있는 씨앗 같은 조상 덕분이라는 거지. 예전부터 조상의 묘 주위에 밤나무를 많이 심는 것도 그래서야.

### 배움의 중요성을 의미하는 감

고욤나무를 본 적이 있니? 고욤나무와 감나무는 얼핏 봐서는 구별하기 힘들 정도로 모습이 닮았어. 하지만 감과 달리 고욤나무 열매는 맛이 떫어서 다람쥐나 먹을까, 사람은 먹기가 힘들어.

그런데 이 고욤나무를 맛있는 감이 열리는 감나무로 바꿀 수 있어. 고욤나무 가지에 칼로 작게 홈을 낸 다음, 거기에 감나무 가지를 접붙이는 거야.

시간이 지나면 놀랍게도 그 나무에서는 떫은 고욤 대신 맛있는 감이 열리지. 심지어 감나무에서 키운 감보다 고욤나무에 접붙여 키운 감이 더 크고 맛있다고 해.

떫은 고욤을 맺던 고욤나무가 감나무를 접붙인 후에 맛있는 감을 내는 것을 보면서 우리 조상들은 교육을 생각했어. 사람으로 태어났다고 다 사람이 되는 것이 아니구나, 감나무를 접붙인 고욤나무처럼 사람도 가르침을 받고 잘 배워야 비로소 사람다운 사람이 되는 거구나 생각한 거야. 열심히 노력하면서 좋은 가르침을 받아야 사람다운 사람이 된다는 것을 기억하기 위해, 차례상에는 꼭 감을 올린대.

## ⭐ 알쏭달쏭 낱말 사전

### 길쌈

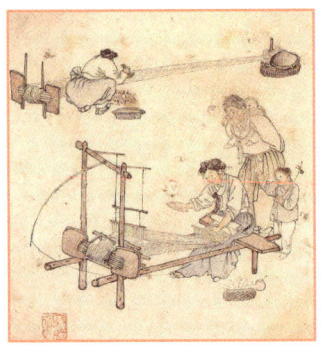

실을 내어 옷감을 짜는 일이에요. 우리 조상들은 길쌈을 할 때 지루함을 달래기 위해 이야기를 나누거나 노래를 부르곤 했는데, 이때 부르는 노래를 '길쌈 노래'라고 해요. 신라 유리왕 때 길쌈 대회에서 진 편이 불렀다는 '회소곡'도 길쌈 노래의 하나예요.

조선 시대의 화가 김홍도가 그린 그림인 「길쌈」이에요. 길쌈을 하는 여인의 모습을 볼 수 있어요.

### 북어쾌

바짝 말린 명태인 북어 스무 마리를 한 줄에 꿰어 놓은 거예요. 쾌는 북어를 묶어 세는 단위로, 한 쾌가 북어 스무 마리예요.

### 선산

조상의 무덤이 있는 산이에요.

### 젓조기

젓을 담그는 조기예요. 젓은 새우, 조기, 멸치 같은 생선이나 조개, 생선의 알, 창자 등을 소금에 짜게 절여 삭힌 음식이에요. 젓갈이라고도 불러요.

시장에 여러 가지 젓갈들이 진열되어 있어요.

## 정약용(1762~1836년)

조선 시대의 대표적인 실학자예요. 실제 생활에 쓸모가 있는 학문을 연구해 당시 조선 사회의 문제점을 고쳐 나가야 한다고 주장했어요. 나라를 부유하고 강하게 만들고, 백성들이 잘살 수 있는 방법을 찾기 위해 수많은 책을 읽고 썼어요.

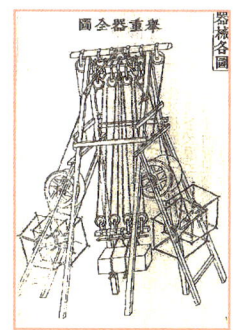

정약용은 수원 화성을 쌓을 때 무거운 돌을 들어 올리는 거중기를 만들어 백성들의 수고를 덜어 주었어요.

## 차례

죽은 사람의 넋에게 음식을 바치며 정성을 다하는 일이에요. 차례는 매달 음력 초하룻날, 보름날, 명절 등에 지내지요. 조상이 돌아가신 날 지내는 기제사와 비슷하지만 제사를 지내는 시간, 제사의 대상, 상차림, 제사 지내는 순서는 기제사와 조금씩 달라요.

## 흉년

장마나 홍수, 가뭄, 추위, 해충 때문에 농사가 예년에 비하여 잘되지 않아 굶주리게 된 해예요.

흉년과 반대로 곡식이 잘 자라서 평년보다 수확이 많은 해를 풍년이라고 해요.

## ⭐ 도전! 퀴즈 왕

다음 중 가을의 명절과 절기에 관한 설명으로 바른 것을 모두 고르세요.

❶ 우리 민족의 으뜸 명절인 추석은 한가위, 가위, 가배일이라고도 불러요.

❷ 우리 조상들은 추석날 밤에 둥근 보름달이 뜨면 다음 해에 흉년이 든다고 생각해서 걱정했어요.

❸ 대표적인 설 음식인 송편은 쌀가루로 익반죽을 한 다음 녹두, 밤, 팥, 참깨, 콩 등을 넣어 반달 모양으로 빚어 만들어요.

❹ 추석은 신라 유리왕 때 길쌈 대회에서 진 편이 이긴 편에게 음식을 대접하며 잔치를 열어 준 데서 시작되었어요.

❺ 음력 9월 9일 중양절에는 가을꽃으로 유명한 국화로 화전을 만들어 먹거나, 술에 국화꽃을 띄워 마시며 가을을 즐겼어요.

정답 ❶, ❹, ❺

# ⑤ 온 세상이 꽁꽁 언 겨울

### 겨울의 명절과 절기

## 설날 전에 작은설, 동지

가을이 지나고 겨울이 오면 다들 설레는 마음으로 설날을 기다려. 그런데 새해 첫날인 설날 전에도 동짓날과 섣달그믐이라는 특별한 날이 있다는 거 아니?

동지는 일 년 중 낮이 가장 짧고 밤이 가장 긴 날이야. 보통은 12월 22일이나 23일쯤이지. 겨울에 아침 일찍 일어나면 밖이 좀 어두컴컴하지? 신나게 놀다가 어둑어둑해져서 집에 돌아왔는데 시간은 겨우 오후 5시밖에 안 됐던 적 있지? 여름엔 밤 8시까지 놀아도 세상이 환한데 말이야.

동지가 지나면 밤은 조금씩 짧아지고 낮이 조금씩 길어져. 그렇게 해서 6월 21일쯤 낮의 길이가 가장 길어지는 때가 하지야.

동지에는 밤이 14~15시간이야.

하지에는 낮이 14~15시간이나 돼.

옛날에는 밤의 길이가 가장 긴 동지를 설 다음가는 '작은설'이라고 불렀어. 동지가 지나면 낮의 길이가 길어지잖아. 그건 약해졌던 태양의 힘이 다시 세지는 거니까, 동지를 한 해의 시작으로 생각한 거지. 그래서 조선 시대에는 동짓날 나라에서 벼슬아치들에게 새해 달력을 나눠 주기도 했대.

## 귀신을 물리치는 음식이 있다고?

동지에는 팥을 고아 죽을 만든 다음, 찹쌀을 새알 모양으로 빚은 새알심을 넣은 팥죽을 먹어.

옛날에는 팔팔 끓인 붉은 팥죽을 조상을 모신 사당에 올렸어. 그런 다음 방, 헛간, 장독 같은 집 안 여러 곳에 팥죽 그릇을 두고 사람이 드나드는 대문이나 벽에도 팥죽을 뿌렸지.

팥 동지들아, 나쁜 귀신을 물리치자!

우리 조상들은 귀신이나 나쁜 기운이 붉은색을 무서워한다고 믿었어. 그래서 붉은 팥죽으로 나쁜 기운이나 귀신을 물리치려 한 거야. 이렇게 사악한 기운을 없애는 것을 '벽사'라고 해.

하지만 동지라고 항상 팥죽을 먹은 것은 아니야. 어떤 때는 팥 시루떡을 만들어 먹기도 해.

음력 11월을 동짓달이라고 하는데, 그달 10일이 채 못 되었을 때 찾아오는 동지를 '애동지'라고 했어. 그때 팥죽을 먹으면 다음 해에 아이들이 많이 다친대. 그런 해에는 팥죽 대신 팥 시루떡을 만들어 먹으며 귀신을 쫓았어.

## 남은 음식으로 만든 비빔밥

동지가 지나면 오래지 않아 섣달그믐이야. 섣달그믐은 새해 첫날인 설 전날, 그러니까 한 해의 마지막 날이야.

섣달그믐에는 집을 깨끗이 청소하고, 조상의 산소에 성묘를 갔어. 또 어른들을 찾아뵙고 그해를 보내는 인사인 묵은세배를 했지.

섣달그믐날 밤에는 새벽녘에 닭이 울 때까지 잠을 안 잤어. 방, 부엌, 다락, 마루 할 것 없이 집 안 곳곳을 환히 밝히고 밤을 지새웠지. 그래야 나쁜 기운이 집 안에 못 들어오고 온 집에 복이 가득하다고 생각했거든.

또 섣달그믐날 저녁에는 골동반을 먹었어. 골동반은 여러 나물과 고기에 참기름과 고추장을 넣어 슥삭슥삭 비벼 먹는 비빔밥이야.

지난해의 음식을 가지고 새해 첫날을 맞을 수는 없잖아. 그래서 섣달그믐날에는 남은 음식들로 비빔밥을 만들어 먹은 거야. 이날만은 쌀 한 톨, 나물 한 조각 남기지 않고 다 먹어야 해.

우리나라를 대표하는 음식인 비빔밥이 원래는 묵은 음식을 다 먹고 새해를 맞으려던 섣달그믐의 풍습에서 나왔다니, 참 재미있지?

## 드디어 설날 아침!

　음력 1월 1일은 한 해가 시작되는 설날이야. 설날 아침에는 깨끗하게 마련해 둔 설빔으로 갈아입고 다 함께 차례를 지내. 조상에게 새해 첫 인사를 드리는 거야. '설빔'은 설날에 입는 옷인데 특히 어린아이들은 색동저고리를 예쁘게 차려입는단다.
　차례가 끝나면 할아버지, 할머니, 아버지, 어머니께도 새해 첫 인사를 드려야 해. 맞아, 세배를 하는 거야. 잠깐, 설마 세배 드리는 것보다 세뱃돈 받는 것에 더 관심이 많은 건 아니겠지?

설날에 차리는 음식을 '세찬'이라고 해. 세찬 중 으뜸은 뭐니 뭐니 해도 떡국이야. 떡국을 만들려면 먼저 가래떡부터 뽑아야 해. 찐 쌀을 쳐서 하얗고 기다란 가래떡을 뽑는 거야. 김이 설설 나는 쫄깃한 가래떡은 바로 손에 들고 먹어도 참 맛있어.

가래떡이 꾸덕꾸덕하게 마르면 칼로 썰어 떡국을 끓여. 설날 아침에 떡국을 먹어야 나이 한 살을 더 먹는다는 거 알지?

## 떡국에 숨은 비밀

설날 아침에는 왜 떡국을 먹을까? 떡국의 흰색은 세상 모든 것이 새로 태어나는 것을 뜻해. 그래서 한 해가 시작되는 새해 아침에 흰떡으로 만든 떡국을 먹는 거야.

떡국을 만들 때 쓰는 가래떡에도 비밀이 있어. 가래떡을 쭉쭉 길게 늘여 뽑는 것처럼, 재산이 쭉쭉 늘어나라고 가래떡을 쓰는 거라지?

그럼 그렇게 쭉쭉 늘여 뽑은 떡을 왜 칼로 똑똑 써느냐고? 칼로 썰어 놓은 떡이 꼭 엽전처럼 보이지 않니? 엽전 모양의 떡이 든 떡국을 많이 먹고 한 해 동안 돈 걱정 하지 말라는 뜻이래.

한 가지 더, 혹시 조롱이떡이라고 본 적 있어? 떡은 떡인데 꼬마 눈사람처럼 생긴 떡. 사실 조롱이떡은 눈사람이 아니라 조롱박 모양을 본뜬 거야. 그래서 이름도 조롱이떡이지.

북쪽의 개성 지방에서는 조롱이떡으로 떡국을 끓여. 옛날에는 아이들이 설빔에 조롱박을 달고 다니면 나쁜 일을 막아 준다고 생각했거든. 그 믿음이 음식에도 영향을 준 거야.

참, 떡국 국물 맛, 기억나니? 요즘은 쇠고기를 사용해서 떡국을 끓이는데, 예전에는 꿩고기로 장국을 끓였대. 꿩고기를 구하기 어려울 때는 닭고기를 삶아 떡국을 끓이기도 했고. '꿩 대신 닭'이라는 속담은 그래서 생겨났다고 해.

## 한 해에 처음 맞는 큰 보름

음력 1월 15일 대보름날 아침에는 땅콩, 호두, 잣, 밤처럼 껍데기가 딱딱한 부럼을 이로 꽉 깨물어 먹어. 그러면 이가 튼튼해지고 몸에 종기 같은 부스럼도 안 나고 한여름에 더위 탈 걱정도 없다고 생각했거든.

어른들은 대보름날 데우지 않은 맑은술을 한 잔 마셨어. 이 술을 '귀밝이술'이라고 하는데, 귀가 밝아지고 일 년 내내 좋은 소식을 들을 수 있다고 믿었대.

찹쌀밥에 밤, 대추, 간장, 기름, 꿀을 섞어 만든 약밥도 대보름에 먹는 음식이야. 또 김이나 배춧잎 같은 넓은 잎에 밥을 싸 먹는 복쌈도 많이 먹었어. 복쌈을 여러 개 싸서 볏짚 쌓듯 쌓은 다음 먹으면 복이 온다고 생각했지.

대보름에는 불과 관련된 놀이를 많이 했어. 특히 대보름 전날에는 논둑이나 밭둑에 불을 붙이고 다니는 쥐불놀이를 하며 논밭에 숨어 있던 쥐며 해충을 없앴어. 쥐불놀이 후에 타고 남은 재는 거름이 되어서 농사짓는 데 큰 도움이 되지.

언덕에 솔가지나 짚 같은 것을 모아 놓고 둥근 보름달이 뜨기를 기다려 불을 지르는 달집태우기도 대보름에 하는 놀이야. 달집이 활활 타오를수록 그해에 복이 많다고 생각했어.

## 특별한 음식에 숨은 우리 역사와 문화

오곡밥은 요즘도 많이 먹는 대보름 음식이야. 찹쌀, 기장, 찰수수, 검정콩, 붉은팥의 다섯 가지 곡식으로 지은 오곡밥을 여름에 말려 둔 호박, 무, 버섯, 고사리 등으로 무친 나물과 함께 먹지.

그런데 오곡밥은 꼭 이웃들과 나눠 먹어야 한다는 거, 아니? 박 씨, 이 씨, 정 씨처럼 적어도 세 집 이상 성이 다른 집의 밥을 먹어야 운이 좋대.

대보름에는 소에게도 여물 대신 오곡밥과 나물을 줬어. 소가 오곡밥을 먼저 먹으면 그해에 풍년이 들지만, 나물을 먼저 먹으면 흉년이 든다고 생각했대.

또 어떤 지역에서는 대보름에 밥을 아홉 끼나 먹는대. 그래야 그해의 일들이 다 잘된다고 생각했다나. 돌아오는 대보름엔 너도 아홉 끼를 먹는 데 도전해 보면 어때?

자, 이렇게 특별한 날 먹는 특별한 음식과 특별한 일에 대해 살펴보았어. 계절과 절기에 따라 자연을 즐기고 음식을 맞춰 먹었던 우리 조상들의 삶의 모습을 살펴보니 어떠니? 그 속에 담긴 조상들의 지혜와 생각을 조금은 알 것 같니?

에구, 그럼 이제 나는 슬슬 장 보러 시장에나 가 봐야겠다. 오늘은 어떤 특별한 음식을 만들어 볼까? 쇠고기 장국에 국수를 말아 기름에 볶은 애호박과 달걀지단을 올려 먹는 건 어때? 아니면 온갖 채소를 한데 넣고 고추장과 참기름으로 슥슥 비벼 비빔밥을 만들어 볼까? 조금만 기다려! 명절 음식, 절기 음식 못지않은 특별한 음식을 준비할 테니까.

> 더 알아보기

##  백일상에 수수팥떡을 올리는 이유

　태어난 지 백 번째 되는 날을 백일이라고 해. 혹시 백일에 뭐 먹었는지 기억나는 사람? 너무 어릴 때 일이라 기억이 안 난다고? 사실, 백일을 맞은 아이는 아직 너무 어려서 아무것도 먹을 수가 없어. 엄마 젖을 먹든지 분유를 먹든지 둘 중 하나이지. 그러고 보니 질문이 잘못된 거네? 미안, 미안.

　아기는 음식을 먹을 수 없지만 그래도 사람들은 백일상을 차려서 아기의 백일을 축하했어. 그 상차림에 절대 빠져서는 안 되는 것이 바로 수수팥떡이야. 옛날부터 백일이 된 아기에게는 꼭 붉은색 수수팥떡을 해 주곤 했거든.

　옛날 사람들은 귀신이 붉은색을 무서워한다고 생각했어. 그래서 수수나 팥처럼 붉은색 곡식을 사용해 음식을 만들어 먹으면 나쁜 귀신이 얼씬도 못할 거라고 믿었지. 그러니까 태어난 지 백일 된 아기를 나쁜 기운으로부터 보호해 주고 싶은 마음을 담아 붉은색 수수팥떡을 백일상에 올렸던 거야.

　동지에 먹는 팥죽과 비슷하다고? 맞아, 동지에는 팥죽을 끓여 귀신을 쫓는 벽사의 풍습이 있다고 했지. 동짓날에 팥죽을 끓여 나쁜 기운을 막으려 했던 마음과 백일에 수수팥떡을 만들어 나쁜 귀신을 쫓으려 했던 마음은 다 같은 마음이야. 나쁜 일은 멀리하고 좋은 일만 가득하기를 바라는 마음.

특별한 날 먹는 특별한 음식에는 이렇게 늘 특별한 마음이 담겨 있어. 그래서 특별한 의미를 담은 음식을 보면 우리 조상들의 삶의 모습과 생각을 짐작해 볼 수 있단다.

## ★ 알쏭달쏭 낱말 사전

### 거름
농작물이 잘 자라도록 땅을 기름지게 만드는 데 써요. 풀, 짚, 가축의 똥오줌을 함께 썩힌 두엄을 비롯해 쌀겨, 삶은 곡식, 썩은 흙, 생선이나 동물의 뼈 등을 사용해 만들어요. 씨를 뿌리기 전이나 모를 내기 전에 주는 것을 밑거름, 씨앗을 뿌린 뒤나 옮겨 심은 뒤에 주는 것을 웃거름이라고 해요.

### 볏짚

벼, 보리, 밀, 조 등의 이삭을 떨어낸 줄기와 잎을 짚이라고 해요. 볏짚은 벼의 낟알을 떨어낸 줄기예요. 우리 조상들은 추수를 하고 남은 볏짚으로 초가집의 지붕을 이거나 짚신, 도롱이(짚으로 만든 비옷) 등을 만들고 소의 여물을 쑤었어요.

### 사당
조상의 신주를 모셔 놓은 집이에요. 신주는 죽은 사람의 이름을 적은 나무패인 위패를 말해요. 조선 시대에 양반들은 집을 지을 때 먼저 사당부터 세웠어요. 사당 건물을 짓지 못하는 가난한 사람들은 대청 모퉁이 등에 사당을 세우고 조상을 모셨지요.

임진왜란 때 큰 공을 세운 이순신 장군의 위패와 영정을 모신 사당이에요.

### 성묘

조상의 산소를 찾아가서 돌보는 일이에요. 주로 설, 추석, 한식에 묘를 손질하고 제사를 지내요. 조상의 혼을 모시는 사당이 전보다 중요한 의미를 가지지 못하는 오늘날에도 성묘는 여전히 중요한 일로 지켜지고 있어요.

### 엽전

예전에 사용하던 놋쇠로 만든 돈이에요. 둥글고 납작하며 가운데에 네모진 구멍이 있어요.

조선 시대에 만들어진 엽전인 상평통보예요.

### 장국

국수나 만둣국, 국이나 찌개의 기본 국물이에요. 보통 쇠고기를 잘게 썰어서 다진 마늘과 참기름, 후춧가루로 양념하고 달군 냄비에 참기름을 약간만 두르고 볶다가 익으면 물을 붓고 끓여 만들어요.

### 조롱박

열매가 길쭉하고 가운데가 잘록한 모양의 박이에요. 호리병박이라고도 하는데, 열매의 껍질이 단단해 말려서 그릇으로 쓰기도 해요.

## ⭐ 도전! 퀴즈 왕

겨울의 명절과 절기에 관한 내용을 자음만 보고 맞혀 보세요.

**1.** 동짓날 팥죽을 쑤어 나쁜 기운이나 귀신을 물리치는 것을 ㅂㅅ이라고 해요. 우리 조상들은 귀신이 팥죽의 붉은색을 무서워한다고 생각했어요.

ㅂ ㅅ

**2.** 섣달그믐날 저녁에는 여러 나물과 고기에 참기름과 고추장을 넣어 비빈 ㄱㄷㅂ을 먹었어요. 우리나라를 대표하는 음식인 비빔밥은 섣달그믐의 이 풍습에서 나왔지요.

ㄱ ㄷ ㅂ

**3.** 설날 차리는 음식을 ㅅㅊ이라고 해요. ㅅㅊ 중 으뜸은 가래떡을 썰어 끓인 떡국이지요.

ㅅ ㅊ

**4.** 음력 1월 15일 대보름 전날에는 논둑이나 밭둑에 불을 붙이고 다니는 ㅈㅂㄴㅇ를 했어요.

ㅈ ㅂ ㄴ ㅇ

정답 1. 벽사 2. 골동반 3. 세찬 4. 쥐불놀이

• 사진 제공_ 국립민속박물관, 문화콘텐츠닷컴, 연합뉴스, Wikipedia

**글쓴이 김은미**

이화 여자 대학교 국어 국문학과, 같은 대학교 및 부산 대학교 대학원에서 공부했다. 지은 책으로 『새싹 인물전 35 정약용』, 『새싹 인물전 45 허난설헌』, 『정약용의 편지』, 『고운 최치원, 나루에 서다』(공저), 『퇴계, 달중이를 만나다』(공저), 『다산, 그에게로 가는 길』(공저) 등이 있다.

**그린이 강영지**

홍익 대학교 대학원에서 시각 디자인을 전공했고 지금은 일러스트레이터로 활동한다. 책, 잡지, 신문, 디자인 상품까지 다양한 매체에 그림을 그린다. 그린 책으로 『책장 속 티타임』, 『논밭에 함께 살자』, 『유럽은 오밀조밀 따닥따닥』, 『음식 : 잘 먹는 법』, 『생색요리』, 『한양 1770년』, 『가을캠핑 강원』 등이 있다.

**5 우리 명절과 음식 문화**

# 사회는 쉽다!

1판 1쇄 펴냄 2013년 6월 10일  1판 5쇄 펴냄 2021년 5월 27일
2판 1쇄 펴냄 2022년 4월 20일  2판 3쇄 펴냄 2023년 11월 22일
글 **김은미** 그림 **강영지**
**펴낸이** 박상희 **편집장** 전지선 **편집** 오혜환 **디자인** 정상철, 정경아
**펴낸곳** (주)비룡소 출판등록 1994. 3. 17(제16-849호)
**주소** 06027 서울시 강남구 도산대로1길 62 강남출판문화센터 4층
**전화** 02)515-2000 **팩스** 02)515-2007 **홈페이지** www.bir.co.kr
**제품명** 어린이용 반양장 도서 **제조자명** (주)비룡소 **제조국명** 대한민국 **사용연령** 3세 이상

© 김은미, 강영지 2013. Printed in Seoul, Korea.

ISBN 978-89-491-2505-3 74300/ 978-89-491-2500-8(세트)